小跳豆 Jumping Bean 幼兒好習慣情境故事系列

生活自理

新雅文化事業有限公司
www.sunya.com.hk

小跳豆
幼兒好習慣情境故事系列

跟着跳跳豆和糖糖豆一起養成好習慣！

從小培養幼兒的好習慣是很重要的事，家長只要在他們成長的關鍵時期，給予合理的引導和訓練，孩子就會養成良好的習慣。另一方面，這時期的孩子對一些行為背後的道理也不能完全明白。因此家長更要抓住時機，循循善誘，避免孩子養成不良習慣。

《小跳豆幼兒好習慣情境故事系列》共6冊，針對3-7歲孩子在日常生活中面對的問題和需要學習的處境，分為六個不同的範疇，包括生活自理、清潔衛生、與人相處、社交禮儀、公德心和公眾場所。透過跳跳豆、糖糖豆以及好友們的經歷，帶領孩子面對各種在成長中會遇到的問題，並引入選擇題的方式，鼓勵孩子思考解決問題的方法。

書末設有「親子說一說」和「教養小貼士」的欄目，給家長一些小提示和教育孩子的方向，幫助家長在跟孩子進行親子閱讀時，一起討論他們所選擇的結果，讓孩子明白箇中道理。「我的好習慣」的欄目，讓孩子檢視自己有什麼好習慣，鼓勵孩子自省並保持良好的習慣，長大成為擁有良好態度和修養的好孩子。

新雅・點讀樂園 升級功能

以互動方式提升孩子的思考力，養成好習慣！

　　本系列屬「新雅點讀樂園」產品之一，若配備新雅點讀筆，爸媽和孩子可以使用全書的點讀功能，孩子可以先點選情境故事的內容，聆聽和理解所發生的事情，然後思考該怎樣做，選出合適的答案。透過互動遊戲的方式，讓孩子邊聽邊學邊玩，同時提升解決問題的能力，培養良好的個人素質。

　　「新雅點讀樂園」產品包括語文學習類、親子故事和知識類等圖書，種類豐富，旨在透過聲音和互動功能帶動孩子學習，提升他們的學習動機與趣味！

想了解更多新雅的點讀產品，請瀏覽新雅網頁(www.sunya.com.hk)或掃描右邊的QR code進入 新雅・點讀樂園 。

如何使用新雅點讀筆閱讀故事？

1. 下載本故事系列的點讀筆檔案

1️⃣ 瀏覽新雅網頁(www.sunya.com.hk) 或掃描右邊的QR code 進入 🖊 新雅・點讀樂園 。

2️⃣ 點選 下載點讀筆檔案 ▶ 。

3️⃣ 依照下載區的步驟說明，點選及下載《小跳豆幼兒好習慣情境故事系列》的點讀筆檔案至電腦，並複製至新雅點讀筆的「BOOKS」資料夾內。

2. 啟動點讀功能

開啟點讀筆後，請點選封面右上角的 📖 新雅・點讀樂園 圖示，然後便可翻開書本，點選書本上的故事文字或圖畫，點讀筆便會播放相應的內容。

3. 選擇語言

如想切換播放語言，請點選內頁右上角的 🔘 🔘 🔘 圖示，當再次點選內頁時，點讀筆便會使用所選的語言播放點選的內容。

如何運用點讀筆進行互動學習

點選圖中的角色，可聆聽對白

我會自己收拾書包

今天，豆媽媽生病了，於是豆爸爸帶跳跳豆和糖糖豆上學。豆爸爸把書包給跳跳豆時，發現書包很重。豆爸爸打開一看，書包裏有很多不用帶回學校的圖書和玩具。原來，跳跳豆從來不會自己收拾書包，每次都是豆媽媽幫他收拾的。接下來，跳跳豆該怎樣做才是正確的呢？

點選語言圖示，可切換至粵語、口語或普通話

1. 先點選情境文字的頁面，聆聽和理解所發生的事情

小朋友，請你聆聽以下選項，然後在右頁選出正確答案：　　我的選擇是：A B

2. 翻至下一頁，你可先點選頁面，聆聽選擇A和選擇B的內容

選擇A

跳跳豆和爸爸一起按照上課時間表，把適用的東西放進書包裏。

選擇B

跳跳豆覺得不理地說：「爸爸，幫我收拾書包吧！平時都是媽媽幫我的。」

3. 最後作出你的選擇！點選A或B，然後聽一聽你是否選對了

每冊書末同時設有「親子說一說」欄目，給家長一些小提示，
讓家長在跟孩子進行親子閱讀時，也能一起討論他們所選擇的結果啊！

我會疊被子

　　每天早上，豆媽媽都會叫糖糖豆起牀。糖糖豆總是很聽話，不會賴牀。可是，糖糖豆有一個壞習慣，就是不會自己疊被子。每次都是豆媽媽幫她整理睡牀的。接下來，糖糖豆該怎樣做才是正確的呢？

選擇 A

糖糖豆心想：「反正我每晚睡覺也會蓋被子的，不用每次都要疊好那麼麻煩吧！」

我的選擇是：

選擇 B

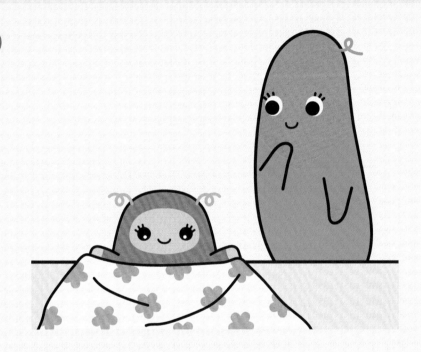

　　每天起牀後疊好被子，是一種良好的日常生活習慣。這次，糖糖豆請媽媽教她疊被子，嘗試自己做。

我會自己收拾書包

　　今天，豆媽媽生病了，於是豆爸爸帶跳跳豆和糖糖豆上學。豆爸爸把書包給跳跳豆時，發現書包很重。豆爸爸打開一看，書包裏有很多不用帶回學校的圖書和玩具。原來，跳跳豆從來不會自己收拾書包，每次都是豆媽媽幫他收拾的。接下來，跳跳豆該怎樣做才是正確的呢？

選擇 A

　　跳跳豆和爸爸一起按照上課時間表，把適用的東西放進書包裏。

我的選擇是： 　　　

選擇 B

　　跳跳豆愛理不理地說：「爸爸，幫我收拾書包吧！平時都是媽媽幫我的。」

我會自己做功課

　　放學了，豆媽媽到學校去接跳跳豆和糖糖豆。他們一看到媽媽來了，就高興地上前牽着媽媽的手，糖糖豆説：「媽媽，今天老師給了我們每人一張工作紙，要我們帶回家做呢！」

　　接下來，跳跳豆和糖糖豆該怎樣做才是正確的呢？

選擇 A

　　跳跳豆和糖糖豆平日吃完午飯後會看一會兒電視。他們想：「今天就一邊看電視，一邊做功課吧！」

我的選擇是：

選擇 B

老師說做功課時要專心，所以跳跳豆和糖糖豆決定先完成功課，然後才看電視。

我會自己收拾玩具

　　做完功課後，跳跳豆和糖糖豆在客廳玩。他們用積木搭了一列火車，又讓小豬布偶乘火車，玩得很開心。這時，豆媽媽叫他們收拾玩具，然後吃晚飯。接下來，跳跳豆和糖糖豆該怎樣做才是正確的呢？

選擇 A

跳跳豆和糖糖豆馬上收拾玩具，然後洗手吃飯。

選擇 B

　　跳跳豆和糖糖豆想再玩一會兒，於是把小豬布偶帶到飯桌上，邊吃邊玩。

21

我會自己抹嘴巴

　　吃飯了！今天的飯菜真豐富。有鮮魚、雞肉、青瓜炒蛋和湯。跳跳豆大口大口地吃，嘴角沾上了汁液，還弄髒了桌面。接下來，跳跳豆該怎樣做才是正確的呢？

選擇 A

　　跳跳豆繼續大口大口地吃飯，還弄得到處都是汁液。

我的選擇是：

選擇 B

跳跳豆拿了紙巾，自己把嘴巴抹乾淨。
吃完飯還懂得用抹布清潔桌面。

25

我會定時作息

　　晚上九時半，豆爸爸叫跳跳豆和糖糖豆去刷牙洗臉，準備睡覺。跳跳豆和糖糖豆正在看電視，今晚的節目真好看，他們還想看下去呢！可是，睡覺的時間到了。接下來，跳跳豆和糖糖豆該怎樣做才是正確的呢？

選擇 A

　　跳跳豆和糖糖豆沒有理會爸爸，還裝作聽不見，繼續看電視。

我的選擇是：

選擇 B

　　跳跳豆和糖糖豆馬上關掉電視，乖乖地自己刷牙和洗臉，然後睡覺。

我會自己穿衣服

　　一天早上，糖糖豆很早便起牀。她整理好牀舖，準備去洗臉刷牙。這時，一陣風吹來，糖糖豆感到有點冷，她心想：「天氣好像轉涼了呢！」接下來，糖糖豆該怎樣做才是正確的呢？

選擇 A

　　糖糖豆即使感到有點冷，卻沒有理會，就這樣到浴室去梳洗，結果打了一個大噴嚏。

選擇 B

　　糖糖豆立刻穿上一件小外套，扣好鈕扣，保持身體溫暖。

親子說一說

小朋友，看完這本書，你可以看看自己選得對不對。 如果你選了7個 😀 ，你就是一個懂得生活自理的好孩子了。

情境	選擇A	選擇B	小提示
我會疊被子	🙁	😀	除了收拾玩具和衣物，我們也需要養成整理房間的好習慣，學會打理自己的起居生活，長大後就能做個懂自理，會獨立的人！
我會自己收拾書包	😀	🙁	在讀幼稚園的時候，我們要帶回校的東西並不多，但不等於可以不收拾書包，又或是只靠爸爸媽媽來收拾。小朋友升上小學和長大後，就要按時間表或各種情況的需要，學會自己準備和收拾東西了。
我會自己做功課	🙁	😀	我們每做一件事都要專心，例如做功課時不要邊玩邊做，這樣才能把事情做好，培養出專心做事的好習慣。

情境	選擇A	選擇B	小提示
我會自己收拾玩具	😀	😟	小朋友，邊吃飯邊玩耍的做法是不對的，如果你想繼續玩耍，可以跟爸媽說好，先去吃飯，做完後才再玩。
我會自己抹嘴巴	😟	😀	小朋友長大了，要懂得照顧自己。吃飯時如果弄髒了嘴角、手或衣服等，也應該自己抹乾淨，這也是一種禮儀。
我會定時作息	😟	😀	刷牙、洗臉、睡覺等是我們每天必須做的，有時候我們會想看完電視或玩完玩具後才做。但是我們不能因玩樂而推遲該要完作的事，因為久而久之，你就會養成拖延的壞習慣，有很多重要的事情也做不到了。
我會自己穿衣服	😟	😀	小朋友，當你感到冷的時候，要懂得自己穿衣服；感到熱的時候也要懂得自己脫衣服。千萬別等待大人來為你做。

　　孩子出生後依靠爸媽的照顧，但隨着成長，他們需要獨立生活。這段時間他們不停地學習，讓自己有能力應付環境的要求。而學會日常生活的自理就是其中最重要的一項。

生活自理不是一種單純的技能訓練，它需要孩子運用很多知識和技能。例如：孩子要自己穿褲子，就要能單腳站立，學會支撐自己的身體。雙手也要同時把褲子拉高。在知識層面上，孩子要懂得辨認褲子的正面和反面，才不會穿錯！因此，培養孩子生活自理能力是有心理和認知兩個方面。爸媽要培養孩子成為獨立的孩子，同時也要提升他們的技能和知識。

自理能力中有很多是每天定時要做的事，如刷牙、洗手和如廁等衞生習慣，這些都要孩子持之以恆，那麼孩子就能意識到每天必須要做的事，然後逐漸內化成為良好的習慣了。

我的好習慣

小朋友，你學會了什麼生活自理的技能？請你把其中一種寫在下面的獎狀上或畫出來，然後請爸媽給你塗上心心吧！

我學會：

做得真好！

小跳豆 故事系列 （共8輯）
Jumping Bean

讓 豆豆好友團 陪伴孩子快樂成長！

提升自理能力，學習控制和管理情緒！

幼兒自理故事系列（一套6冊）

《我會早睡早起》
《我會自己刷牙》
《我會自己上廁所》
《我會自己吃飯》
《我會自己收拾玩具》
《我會自己做功課》

幼兒情緒故事系列（一套6冊）

《我很生氣》
《我很害怕》
《我很難過》
《我很妒忌》
《我不放棄》
《我太興奮》

培養良好的品德，學習待人處事的正確禮儀！

幼兒德育故事系列（一套6冊）

《我不發脾氣》
《我不浪費》
《我不驕傲》
《我不爭吵》
《我會誠實》
《我會關心別人》

幼兒禮貌故事系列（一套6冊）

《在學校要有禮》
《吃飯時要有禮》
《客人來了要有禮》
《乘車時要有禮》
《在公園要有禮》
《在圖書館要有禮》

建立良好的心理素質，提高幼兒的安全意識！

幼兒生活體驗故事系列（一套 6 冊）

《上學的第一天》
《添了小妹妹》
《我愛交朋友》
《我不偏食》
《我去看醫生》
《我迷路了》

幼兒生活安全故事系列（一套 6 冊）

《我小心玩水》
《我不亂放玩具》
《我小心過馬路》
《我不亂進廚房》
《我不爬窗》
《我不玩自動門》

培養孩子良好的習慣和行為，成為守規矩和負責任的孩子！

幼兒好習慣情境故事系列（一套 6 冊）

《公德心》
《公眾場所》
《社交禮儀》
《清潔衞生》
《生活自理》
《與人相處》

幼兒好行為情境故事系列（一套 6 冊）

《我要做個好孩子》
《我要做個好學生》
《我要做個好公民》
《我要注意安全》
《我要有禮貌》
《我要有同理心》

小跳豆幼兒好習慣情境故事系列
生活自理

原著：楊幼欣
改編：新雅編輯室
繪圖：張思婷
責任編輯：趙慧雅
美術設計：劉麗萍
出版：新雅文化事業有限公司
香港英皇道499號北角工業大廈18樓
電話：(852) 2138 7998
傳真：(852) 2597 4003
網址：http://www.sunya.com.hk
電郵：marketing@sunya.com.hk
發行：香港聯合書刊物流有限公司
香港荃灣德士古道220-248號荃灣工業中心16樓
電話：(852) 2150 2100
傳真：(852) 2407 3062
電郵：info@suplogistics.com.hk
印刷：中華商務彩色印刷有限公司
香港新界大埔汀麗路36號
版次：二〇二二年七月初版
二〇二四年四月第二次印刷

ISBN: 978-962-08-7958-6